ZONDERkidz™ | Vida®

I Can Read!™ ¡Yo sé leer!™ My First SHARED READING

The Beginner's Bible®

Adam and Eve in the Garden
Adán y Eva en el jardín

pictures by Kelly Pulley

ilustrado por Kelly Pulley

In the beginning,
the world was empty.
But God had a plan.

En el principio, el mundo
estaba vacío.
Pero Dios tenía un plan.

Dear Parent: Your child's love of reading starts here!

Every child learns to read at his or her own speed. You can help your young reader by choosing books that fit his or her ability and interests. Guide your child's spiritual development by reading stories with biblical values. There are I Can Read! books for every stage of reading:

 SHARED READING
Basic language, word repetition, and whimsical illustrations, ideal for sharing with your emergent reader.

 BEGINNING READING
Short sentences, familiar words, and simple concepts for children eager to read on their own.

 READING WITH HELP
Engaging stories, longer sentences, and language play for developing readers.

I Can Read! books have introduced children to the joy of reading since 1957. Featuring award-winning authors and illustrators and a fabulous cast of beloved characters, I Can Read! books set the standard for beginning readers.

Visit www.icanread.com for information on enriching your child's reading experience.
Visit www.zonderkidz.com for more Zonderkidz I Can Read! titles.

Queridos padres: ¡Aquí comienza el amor de sus hijos por la lectura!

Cada niño aprende a leer a su propio ritmo. Usted puede ayudar a su pequeño lector seleccionando libros que estén de acuerdo a sus habilidades e intereses. También puede guiar el desarrollo espiritual de su hijo leyéndole historias con valores bíblicos, como la serie ¡Yo sé leer! publicada por Zonderkidz. Desde los libros que usted lee con sus niños hasta aquellos que ellos o ellas leen solos, hay libros ¡Yo sé leer! para cada etapa del desarrollo de la lectura:

 LECTURA COMPARTIDA
Utiliza un lenguaje básico, la repetición de palabras y curiosas ilustraciones ideales para compartir con su lector emergente.

 LECTURA PARA PRINCIPIANTES
Este nivel presenta oraciones cortas, palabras conocidas y conceptos sencillos para niños entusiasmados por leer por sí mismos.

 LECTURA CONSTRUCTIVA
Describe historias de gran interés para los niños, se utilizan oraciones más largas y juegos de lenguaje para el desarrollo de los lectores.

Desde 1957 los libros **¡Yo sé leer!** han estado introduciendo a los niños al gozo de la lectura. Presentan autores e ilustradores que han sido galardonados como también un reparto de personajes muy queridos. Los libros **¡Yo sé leer!** establecen la norma para los lectores principiantes.

Visite www.icanread.com para obtener información sobre el enriquecimiento de la experiencia de la lectura de su hijo.
Visite www.zonderkidz.com para actualizarse acerca de los títulos de las publicaciones más recientes de la serie ¡Yo sé leer! de Zonderkidz.

God saw everything he had made.
And it was very good.
—*Genesis 1:31*

Dios miró todo lo que había hecho,
y consideró que era muy bueno.
—*Génesis 1:31*

Zonderkidz

Adam and Eve in the Garden/Adán y Eva en el Jardín
Copyright © 2009 by Mission City Press. All Rights Reserved. All Beginner's Bible copyrights and trademarks (including art, text, characters, etc.) are owned by Mission City Press and licensed by Zondervan of Grand Rapids, Michigan.

Requests for information should be addressed to:
Zonderkidz, *Grand Rapids, Michigan 49530*

Library of Congress Cataloging-in-Publication Data

Adam and Eve in the garden. Spanish & English
    Adam and Eve in the garden / illustrated by Kelly Pulley = Adán y Eva en el jardín / ilustrado por Kelly Pulley.
       p. cm. -- (My first I can read! = Mi primer libro! ¡Yo sé leer!)
    ISBN 978-0-310-71892-5 (softcover)
    1. Adam (Biblical figure)--Juvenile literature. 2. Eve (Biblical figure)--Juvenile literature. I. Pulley, Kelly. II. Title. III. Title: Adán y Eva en el jardín. IV. Title. V. Series.
    BS580.A4A32418 2009
    222'.1109505--dc22

2008051625

Art Direction: Jody Langley
Cover Design: Laura Maitner-Mason

Printed in China

16 17 18 /DSC/ 5 4 3

"I will make
many good things,"
God said.

«Yo haré muchas cosas buenas»,
dijo Dios.

On day one God said,
"I will make day and night."
So he did.

El primer día Dios dijo: «Haré el
día y la noche».
Y así lo hizo.

On day two God split the water
from the air.
He said, "Here are the sky and the sea."

El segundo día Dios separó el
agua del aire.
Él dijo: «Aquí están el cielo y el mar».

God made land on day three.
Plants grew on the land.
Fruit trees grew there, too.

Al tercer día Dios hizo la tierra.
Crecieron plantas en la tierra.
También crecieron árboles de frutas.

On day four God put the sun
and the moon in the sky.

Al cuarto día Dios puso el sol y la
luna en el cielo.

On day five
God made birds
to fly in the sky.

Al quinto día Dios hizo
pájaros para que volaran
en el cielo.

He made fish to swim
in the ocean.

Hizo peces para que nadaran
en el océano.

Day six was busy, too.
God made the rest
of the animals.

El sexto día también estuvo ocupado.
Dios hizo al resto de los animales.

Then God made the first man.
God named him Adam.
God loved Adam.

Luego Dios hizo al primer hombre.
Dios lo llamó Adán.
Dios amaba a Adán.

God rested on day seven.
He was so happy!

Dios descansó al séptimo día.
¡Estaba muy contento!

Adam was happy, too.

Adán también estaba muy contento.

God put Adam in a garden.

Dios puso a Adán en un jardín.

The garden was called Eden.

El jardín se llamaba Edén.

Adam took care of Eden.
He took care of the animals.

Adán cuidaba el Edén.
Él cuidaba los animales.

He even named all the animals.
"You will be called a 'parrot.'
You will be called a 'butterfly.'"

Hasta le puso nombre a todos
los animales.
«Tú te llamarás "cotorra".
Tú te llamarás "mariposa"».

One day God made Eve.
She helped Adam take care of
the garden and the animals.

Un día Dios hizo a Eva.
Ella ayudaba a Adán a cuidar
el jardín y los animales.

God gave Adam and Eve one rule.
God said, "Do not eat
fruit from this tree."

Dios les dio una orden a Adán y a Eva.
Dios dijo:
«No coman las frutas de este árbol».

Later, a sneaky snake
was in the tree.

Más tarde, vino al árbol una
engañosa serpiente.

"Eve, you can eat this fruit.
It is fine!" the snake said.

«Eva, tú puedes comer esta fruta.
¡Es buena!»,
dijo la serpiente.

Eve ate the fruit.
Then Adam ate the fruit, too.

Eva comió la fruta.
Después Adán también comió la
fruta.

God was sad.
They had broken his one rule.
This was called a "sin."

Dios estaba triste.
Ellos no habían obedecido su única orden.
Esto se llamó un "pecado".

"Eve gave me the fruit,"
Adam said.
"Snake tricked me," Eve said.

«Eva me dio la fruta», dijo Adán.
«La serpiente me engañó», dijo Eva.

God said, "Snake,
you must move on your belly
and eat dust."

Dios dijo: «Serpiente, te
moverás sobre tu barriga y
comerás polvo».

God told Adam and Eve,
"You must leave.
You did not follow my rule."

Dios le dijo a Adán y a Eva:
«Ustedes deben irse.
No obedecieron mi orden».

Adam and Eve left the garden.
They were very sad.

Adán y Eva salieron del jardín.
Ellos estaban muy tristes.

But God would always love them.
He made another plan.

Pero Dios siempre los amó.
Él hizo otro plan.

One day, God would send Jesus.
Jesus would save everyone
from their sins.

Un día, Dios enviaría a Jesús.
Jesús los salvaría a todos de sus pecados.